Arroyo claro,
fuente serena

Antología lírica infantil

Colección dirigida por

Francisco Antón

Arroyo claro, fuente serena
Antología lírica infantil

Selección, notas y actividades
Juan Ramón Torregrosa

Ilustraciones
Claudia Ranucci

MARCO ZOFF 10
AÑOS

Vicens Vives

Primera edición, 2000
Reimpresiones, 2001, 2002, 2003, 2003, 2004
2005, 2006, 2007, 2008, 2009, 2010, 2011
Decimotercera reimpresión, 2011

Depósito Legal: B. 34.904-2011
ISBN: 978-84-316-5347-7
Núm. de Orden V.V.: DU81

© Rafael Alberti, Dora Alonso, Germán Berdiales, Carmen Blázquez, Gerardo Diego, Jaime Ferrán, Ángela Figuera, Gloria Fuertes, Federico García Lorca, Ramón Gómez de la Serna, Joaquín González Torices, José Agustín Goytisolo, Nicolás Guillén, Miguel Hernández, Juan Ramón Jiménez, Manuel Machado, Eduardo Marquina, Modesto Martín González, Vicente Mojica, Federico Muelas, Amado Nervo, Octavio Paz, Rafael Pombo, Ricardo E. Posse, Carlos Reviejo, José Sebastián Tallón, Celia Viñas.
De los poemas de los que son autores.

© JUAN RAMÓN TORREGROSA
De la selección, las notas y las actividades.

© CLAUDIA RANUCCI
De las ilustraciones.

© VICENS VIVES PRIMARIA, S.A.
Sobre la presente edición según el art. 8 del Real Decreto Legislativo 1/1996.

Agradecemos a todos los poetas o a sus herederos la gentileza que han mostrado al autorizarnos a reproducir los poemas de cuyos derechos son beneficiarios. Deseamos manifestar, asimismo, que hemos hecho todos los esfuerzos a nuestro alcance para contactar con cada uno de los autores (o sus herederos) cuyos poemas figuran en la presente antología, aunque en algunos casos nos ha sido imposible saber a quién hacer llegar nuestra petición de autorización o, en el momento de publicarse este libro, no hayamos recibido respuesta a nuestra solicitud.
Expresamos también nuestra gratitud a todos los niños y niñas que nos han ayudado a elaborar esta antología y, particularmente, a los alumnos y las alumnas del colegio "Baloo" de Barcelona.

Obra protegida por el RDL 1/1996, de 12 de abril, por el que se aprueba el Texto Refundido de la Ley de Propiedad Intelectual y por la LEY 23/2006, de 7 de julio. Los infractores de los derechos reconocidos a favor del titular o beneficiarios del © podrán ser demandados de acuerdo con los artículos 138 a 141 de dicha Ley y podrán ser sancionados con las penas señaladas en los artículos 270, 271 y 272 del Código Penal. Prohibida la reproducción total o parcial por cualquier medio, incluidos los sistemas electrónicos de almacenaje, de reproducción, así como el tratamiento informático. Reservado a favor del Editor el derecho de préstamo público, alquiler o cualquier otra forma de cesión de uso de este ejemplar

IMPRESO EN ESPAÑA
PRINTED IN SPAIN

Editorial VICENS VIVES. Avda. de Sarriá, 130. E-08017 Barcelona.
Impreso por Gráficas INSTAR, S.A.

Índice

Arroyo claro, fuente serena   6

    Ritmos de cuna y corazón   11

    ¡Corre que te pillo!…   23

    Juguemos a las palabras   33

    Unas gotas de humor   49

    Llega la Navidad   63

    Al son del agua y las hojas   73

    En el reino animal   83

    Cuentos y animales sabios   93

    Por un mundo solidario   103

Actividades   111

BALADA DE LA PLACETA

Cantan los niños
en la noche quieta:
¡Arroyo claro,
fuente serena![1]

Los niños

¿Qué tiene tu divino
corazón en fiesta?

Yo

Un doblar de campanas
perdidas en la niebla.

Los niños

Ya nos dejas cantando
en la plazuela.[2]
¡Arroyo claro,
fuente serena!

¿Qué tienes en tus manos
de primavera?

Yo

Una rosa de sangre
y una azuzena.

---

1 **serena**: tranquila.
2 Estos versos quieren decir que, como el poeta ha crecido, se aleja de su propia infancia, representada por los niños que juegan y cantan. Por eso está triste y siente en el corazón "un doblar de campanas / perdidas en la niebla".

Los niños

Mójalas en el agua
de la canción añeja.[3]
¡Arroyo claro,
fuente serena!

¿Qué sientes en tu boca
roja y sedienta?

Yo

El sabor de los huesos
de mi gran calavera.

Los niños

Bebe el agua tranquila
de la canción añeja.
¡Arroyo claro,
fuente serena!

Yo

¡Voy en busca de magos
y de princesas!

Los niños

¿Quién te enseñó el camino
de los poetas?

---

3 Los niños recomiendan al poeta que recupere su alma infantil, y con ella la alegría y la ilusión, a través de las canciones populares antiguas (**añejas**) como la que cantan ellos ("Arroyo claro, / fuente serena, / quién te lava el pañuelo / saber quisiera").

Yo

La fuente y el arroyo
de la canción añeja.

Los niños

¿Te vas lejos, muy lejos
del mar y de la tierra?

Yo

Se ha llenado de luces
mi corazón de seda,
de campanas perdidas,
de lirios y de abejas.
Y yo me iré muy lejos,
más allá de esas sierras,
más allá de los mares,
cerca de las estrellas,
para pedirle a Cristo
Señor que me devuelva
mi alma antigua de niño,
madura de leyendas,
con el gorro de plumas
y el sable de madera.

Los niños

Ya nos dejas cantando
en la plazuela.
¡Arroyo claro,
fuente serena!

Federico García Lorca

Ritmos de cuna y corazón

PAJARITO QUE CANTAS

Pajarito que cantas
en la laguna,
no despiertes al niño
que está en la cuna.

Pajarito que cantas
en el almendro,
no despiertes al niño
que está durmiendo.

Pajarito que cantas
junto a la fuente,
cállate, que mi niño
no se despierte.

ANÓNIMO

DUÉRMETE YA

Llegó la noche, la luna
de plata brillando está;
ningún rumor te importuna:
tu madre mece tu cuna;
    duérmete ya...

¿Ves cómo cada vidriera
iluminando se va?
Ni un alma cruza la acera;
todo es misterioso afuera;
    duérmete ya...

El jardín, de tan sombrío
y quieto, pavor me da.
Las ramas tiemblan de frío;
cierra los ojos, bien mío;
    duérmete ya...

Si duermes pronto, mi dueño,
tu ángel guardián te traerá
un ensueño tan risueño
que será el más lindo ensueño
que un niño soñado ha.

Duérmete pronto, mi dueño,
    duérmete ya...

AMADO NERVO

MI CUNA

¡Qué pequeñita es la cuna,
qué chiquita la canción;
mas cabe la vida en ésta
y en aquélla el corazón!

¡Nadie ríe aquí de ver
a este niño grandullón
mecerse, quieto, en su vieja
cuna, a la antigua canción![1]

—¡Qué pequeñita es mi vida,
qué tierno mi corazón!
¡Éste me cabe en la cuna,
y la vida en la canción!—

¡Cómo se casan los ritmos
de cuna y de corazón!
¡Los dos vuelan por la gloria
en una sola pasión!

¡Qué pequeñita es la cuna,
qué chiquita la canción;
mas cabe la vida en ésta
y en aquélla el corazón!

Juan Ramón Jiménez

---

1 El poeta quiere regresar a la época en que era niño, y para ello se imagina meciéndose en la cuna al ritmo de canciones antiguas e infantiles.

CANCIÓN TONTA

Mamá.
Yo quiero ser de plata.

Hijo,
tendrás mucho frío.

Mamá.
Yo quiero ser de agua.

Hijo,
tendrás mucho frío.

Mamá.
Bórdame en tu almohada.

¡Eso sí!
¡Ahora mismo!

    Federico García Lorca

EN TUS BRAZOS

Mamita, mamita,
si tú fueses árbol,
tu hijito en tus ramas
quisiera ser pájaro.

Si tú fueses río
que al mar va cantando,
tu hijito en tus aguas
quisiera ser barco.

Mamita, mamita,
si fueses un río
o fueses un árbol,
tú me acunarías
igual en tus brazos.

GERMÁN BERDIALES

SARAMPIÓN

Jesús, ¡qué calor!,
tengo sarampión.

Saco una manita,
saco una orejita,
saco la cabeza,
mi madre me tapa…

Señor, ¡qué pereza!,
¡qué sed de sifón![1]
Tengo un sarampión.

Y son mis mejillas
—dice la abuelita—
dos rojas llamitas.

Ha venido serio
el señor doctor,
y me van a dar
agua de limón.

CELIA VIÑAS

---

[1] El **sifón** es como una gaseosa, pero sin azúcar; se contiene en una botella de cristal grueso con un mecanismo por donde sale, a presión, el agua con el gas.

LA TIJERA DE MAMÁ

Cuando me recorta el pelo
la tijera de mamá,
va diciendo en su revuelo:
chiqui-chiqui-chiqui-cha…

Aletea,[1]
viene y va,
y a mi oído cuchichea,[2]
chiqui-chiqui-chiqui-cha…

Cuando el pelo me recorta
la tijera de mamá,
charla más de lo que corta:
chiqui-chiqui-chiqui-cha…

GERMÁN BERDIALES

---

1 El poeta compara las dos piezas de las tijeras con dos alas que se mueven sin volar, es decir, que **aletean**.
2 **cuchichea**: dice en voz bajita.

EL CAPITÁN

—Madre, ya tengo mi barco
y tengo tripulación:[1]
velero de cuatro palos,[2]
marineros de cartón.

Mañana por la mañana,
cuando se levante el sol,
me iré mandando en mi barco
mi brava tripulación.

—¡Ay, mi niño, no te vayas,
tan pequeñito hasta el mar!
Mira que es triste la noche
sobre tanta soledad.

—¿Y quién velará tu sueño?[3]
—Las estrellas velarán.
—¿Y quién cantará en tu lecho?[4]
—Las sirenas cantarán.

Prepara pronto mi gorra.
¡Mi gorra de capitán!
Que la blusa marinera
la abandoné junto al mar.[5]

Ricardo E. Pose

---

1 **tripulación**: los marineros que manejan el barco.
2 **palo**: madero vertical en que se sujeta la vela.
3 **velará tu sueño**: cuidará de que duermas bien.
4 **lecho**: cama.
5 A pesar del miedo de la madre, el niño desea marcharse de casa y correr aventuras con sus «marineros de cartón».

DOS AÑOS

Con dos años, dos flores
cumples ahora.
Dos alondras llenando
toda tu aurora.¹
Niño radiante:
va mi sangre contigo
siempre adelante.²

Sangre mía, adelante,
no retrocedas.
La luz rueda en el mundo,
mientras tú ruedas.
Todo te mueve,
universo de un cuerpo
dorado y leve.

Herramienta es tu risa,
luz que proclama
la victoria del trigo
sobre la grama.³
Ríe. Contigo
venceré siempre al tiempo
que es mi enemigo.⁴

Miguel Hernández

---

1 La **alondra** es un pájaro que anuncia con su hermoso canto el amanecer (o la **aurora**), que representa el comienzo de la vida del niño.
2 La vida del poeta (**mi sangre**) se prolonga en la de su hijo.
3 La risa del niño es como una luz que anuncia (**proclama**) que el trigo brotará con más fuerza que la **grama**, una hierba que crece junto al trigo. Es decir, que lo bueno triunfará sobre lo malo.
4 Cuando pase el tiempo y muera el poeta, su vida seguirá en la de su hijo.

¡Corre que te pillo!…

CORRE QUE TE PILLO

¡Corre que te corre!…

¡A correr, mi niño,
sobre la hierba verde
y el tomillo!…[1]

¡A correr, que el viento
peinará tus rizos
y las mariposas
bailarán contigo!…

¡Corre que te corre!…
¡Corre que te pillo!…

Se cansó mamita:
corre tú solito.

ÁNGELA FIGUERA

---

1 **tomillo**: planta con hojas y flores muy pequeñas y perfumadas.

EL BARQUITO DE PAPEL

Con la mitad de un periódico
hice un barco de papel,
en la fuente de mi casa
lo hice navegar muy bien.

Mi hermana con su abanico
sopla y sopla sobre él.
¡Buen viaje, muy buen viaje,
barquichuelo de papel!

AMADO NERVO

AL OLIVO

Al olivo, al olivo,
al olivo subí,
por coger una rama
del olivo caí.

Del olivo caí,
¿quién me levantará?
Una niña morena
que la mano me da.

Que la mano me da,
que la mano me dio,
una niña morena
que es la que quiero yo.

Que es la que quiero yo,
que es la que he de querer,
esa niña morena
que ha de ser mi mujer.

Que ha de ser mi mujer,
que ha de ser y será,
esa niña morena
que la mano me da.

ANÓNIMO

VIENTO DE AMOR

Por la cima[1] del árbol iré
y te buscaré.

Por la cima del árbol he de ir,
por la cima del árbol has de venir,
por la cima del árbol verde
donde nada y todo se pierde.

Por la cima del árbol iré
y te encontraré.

En la cima del árbol se va
a la aventura qua aún no está,
en la cima del árbol se viene
de la dicha[2] que ya se tiene.

Por la cima del árbol iré
y te cogeré.

El viento la cambia de color
como el afán[3] cambia el amor,
y a la luz de viento y afán
hojas y amor vienen y van.

Por la cima del árbol iré
y te perderé.

JUAN RAMÓN JIMÉNEZ

---

1 **cima**: la parte más alta.
2 **dicha**: alegría, felicidad.
3 **afán**: deseo.

ESTABA LA PÁJARA PINTA

Estaba la pájara pinta[1]
sentada en el verde limón,
con el pico picaba la hoja,
con el pico picaba la flor.

¡Ay, ay, ay,
cuánto te adoro!
Me arrodillo a los pies
de mi amante;
dame una mano, dame la otra,
dame un besito
para mi boca.

Daré la media vuelta;
daré la vuelta entera;
daré un pasito atrás
y haré una reverencia.[2]

Pero no, pero no, pero no,
que me da mucha vergüenza.
Pero sí, pero sí, pero sí,
que yo te quiero a ti.

ANÓNIMO

---

1 **pinta**: de diversos colores.
2 **reverencia**: saludo que se hace inclinando el cuerpo hacia delante.

LOS REYES DE LA BARAJA

Si tu madre quiere un rey,
la baraja tiene cuatro:
rey de oros, rey de copas,
rey de espadas, rey de bastos.

Corre que te pillo,
corre que te agarro,
mira que te lleno
la cara de barro.

Del olivo
me retiro,
del esparto
yo me aparto,
del sarmiento
me arrepiento
de haberte querido tanto.

FEDERICO GARCÍA LORCA

CAROLINA Y OLÉ

Me gusta Carolina
y olé,
con el pelo cortado
y olé,
parece una paloma
y olé,
de esas que van volando
y olé.

Anónimo

Juguemos a las palabras

Trabalenguas

UN DICHO MUY REDICHO

Me han dicho que has dicho un dicho,
un dicho que he dicho yo;
ese dicho que te han dicho
que yo he dicho, no lo he dicho;
y si yo lo hubiera dicho,
estaría muy bien dicho
por haberlo dicho yo.

¡QUÉ GUERRA DA LA PARRA!

Guerra tenía una parra
y Parra tenía una perra,
y la perra de Parra
mordió la parra de Guerra,
y Guerra le pegó con la porra[1]
a la perra de Parra.
—Diga usted, señor Guerra:
¿por qué le ha pegado con la porra a la perra?
—Porque si la perra de Parra
no hubiera mordido la parra de Guerra,
Guerra no le hubiera pegado con la porra a la perra.

---

1 **porra**: bastón.

UNA CABRA PERLÉTICA

Por ese monte arriba
va una cabra
ética, perlética, perleticuda,
mochicalva y hocicuda.
Si esta cabra no fuera
ética, perlética, perleticuda,
mochicalva y hocicuda,
no tendría los hijitos
éticos, perléticos, perleticudos,
mochicalvos y hocicudos.

COMO POCO COCO

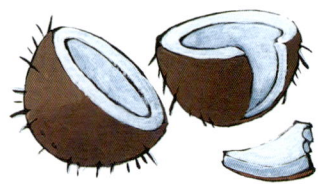

Compadre, cómprame un coco.
Compadre, no compro coco,
porque como poco coco como,
poco coco compro.

MI GUSTO Y SU GUSTO NO SE GUSTAN

Si su gusto gustara
del gusto que gusta mi gusto,
mi gusto también gustaría
del gusto que gusta su gusto.
Pero como su gusto no gusta
del gusto que gusta mi gusto,
mi gusto no gusta
del gusto que gusta su gusto.

Adivinanzas

U ARTEL AL

El burro la lleva a cuestas,
metida está en el baúl,
yo no la tuve jamás
y siempre la tienes tú.

OCINABA

En las manos de las damas
siempre estoy metido;
unas veces estirado
y otras veces encogido.

E ARTEL AL

En medio del cielo estoy
sin ser lucero ni estrella,
sin ser sol ni luna bella;
¿a ver si aciertas quién soy?

OJA LE

Tiene dientes y no come,
tiene cabeza y no es hombre.

ARBMOS

Paso por el fuego
y no me quemo;
paso por el río
y no me mojo.

ALET

Te la digo, te la digo,
y te la vuelvo a repetir,
te la digo veinte veces
y no la sabes decir.

OLLITRAM

Tengo cabeza de hierro
y mi cuerpo es de madera,
al que yo le piso un dedo
menudo grito que pega.

OTNEIV

¿Qué es, qué es,
que te da en la cara
y no lo ves?

ADIVINANZA DE LOS PATITOS

El patito tito-to,
la patita tita-ta,
van nadando dando-do
por al agua agua-gua.

La patita y el patito
se han casado esta mañana
y a la boda han asistido
sólo un pato y cinco patas.

¿Cuántos eran?
¿Cuántos son?
¡Un patito
y una pata!:
¡sólo dos!

VICENTE MOJICA

PARVULADAS

I

La o es redonda,
la i tiene punto,
la e es una oreja,
la u me da susto.
Yo quiero la a
y la quiero doble
en papá y mamá.

II

La raya y el punto
se quieren casar,
la o es el padrino,
madrina la a,
el vaso en que beban
la U lo pondrá
y cuando se besen
la e lo sabrá.

III

La m tiene tres patas
y la n tiene dos,
las tengo en la «mano» juntas
con la a y con la o.
Y si cambio estas vocales
¡mira qué «mona» quedó!

MODESTO MARTÍN GONZÁLEZ

A, EME, O, ERRE[1]

«Amor» tiene cuatro letras.
Vamos a jugar con ellas.
¿Lo ves? Ya estamos en «Roma».
Por todas partes se va.
Por todas partes se llega.
El viaje «Amor-Roma-Amor»,
con billete de ida y vuelta.
Y ahora, a jugar a los dados.
«Alea jacta est».[2] Espera.
¿Qué lees? «Ramo». ¿Qué escuchas?
El ruiseñor, que se queja
de «amor» que en el «ramo» canta,
de «amor» que en el «ramo» «mora».[3]
Otra vez los dados vuelan
por el aire. Y cae «Omar»,
un príncipe de leyenda.
¿«Amor» de «Omar»? Falta ella.
Arriba los dados. «Mora».
«Amor» de «Omar» a la «mora»,
«amor» de la «mora» a «Omar».
Siempre «armo» un juego de «amor»
que der«ramo» y que de«mora».[4]
Y vienen y van las letras
buscando ese «amor» «o mar».

GERARDO DIEGO

---

1 Son las letras que forman la palabra *amor*, con la que se juega en el poema.
2 **Alea jacta est**: frase latina que significa: "La suerte está echada".
3 **mora**: vive, habita.
4 **derramo**: dejo caer; **demora**: se retrasa.

GREGUERÍAS

 La T es el martillo del abecedario.

La Y griega mayúscula es la copa de champaña del alfabeto.

El hambre del hambriento no tiene hache, porque el verdadero hambriento se la ha zampado.

 En el gato se despereza la S.

Ballena se escribe con elle por los dos surtidores líquidos que lanza a lo alto por la nariz.

La X es la silla de tijera del alfabeto.

 La L parece largar un puntapié a la letra que lleva al lado.

La M siempre se sentirá superior a la N.

RAMÓN GÓMEZ DE LA SERNA

PALÍNDROMOS[1]

Anita lava la tina

 Dábale arroz a la zorra el abad

Adán no cede con nada

 Yo hago yoga hoy

Amad a la dama

 Échele leche

Al reparto sacas otra perla

Amor, a Roma yo voy, amor, a Roma

---

1 **palíndromos**: frases de ida y vuelta, esto es, frases que, leídas al revés, de derecha a izquierda, dicen lo mismo que cuando las leemos de la manera normal, de izquierda a derecha.

NOCTURNO

Toma y toma la llave de Roma,
porque en Roma hay una calle,
en la calle hay una casa,
en la casa hay una alcoba,[1]
en la alcoba hay una cama,
en la cama hay una dama,
una dama enamorada,
que toma la llave,
que deja la cama,
que deja la alcoba,
que deja la casa,
que sale a la calle,
que toma una espada,
que corre en la noche,
matando al que pasa,
que vuelve a su calle,
que vuelve a su casa,
que sube a su alcoba,
que se entra en su cama,
que esconde la llave,
que esconde la espada,
quedándose Roma
sin gente que pasa,
sin muerte y sin noche,
sin llave y sin dama.

RAFAEL ALBERTI

---

1 **alcoba**: dormitorio.

CALIGRAMA[1]

*Una tras otra
las velas pasan
—Una tras otra—
de la regata[2]
Juntas maniobran
Juntas se paran
Juntas emprenden
la n$_u$e$_v$a d^{n}a^{z}a*

que se las ll$_e$v$_a$

—u$_n$$_a$ $_t$ra^s ^{o}^{t}ra—

hacia la playa...

JAIME FERRÁN

---

1 **caligrama**: poema en que se dibuja con las letras lo que se dice en él.
2 **regata**: competición deportiva de varios barcos.

LOS DIEZ PERRITOS

Yo tenía diez perritos,

uno se perdió en la

no me quedan más que nueve.
De los nueve que me quedan,

uno se comió un

no me quedan más que ocho.
De los ocho que me quedan,

uno se fue en un

no me quedan más que siete.
De los siete que me quedan,

uno se lo llevó el

no me quedan más que seis.
De los seis que me quedaban,

uno se murió de un

no me quedan más que cinco.
De los cinco que me quedan,

uno se marchó al

no me quedan más que cuatro.
De los cuatro que me quedan,

uno se subió a un

no me quedan más que tres.
De los tres que me quedaban,

uno ni me dijo

no me quedan más que dos.
De los dos que me quedaban,

uno se convirtió en

no me queda más que uno.
Y ese uno que me quedaba,

ayer mismo fue su

no me queda ningún perro.

ANÓNIMO ADAPTADO

Unas gotas de humor

LAS OVEJAS DEL SUEÑO

Por llamar al sueño
conté veinte ovejas:
seis patilargas,
cinco patituertas,
cuatro paticortas,
y tres patinegras,
un tierno cordero
y una oveja vieja.
Saltan por la cama,
muerden la moqueta,
bala que te bala.
¡Aquí no hay quien duerma!

CARMEN BLÁZQUEZ

DOÑA PITO PITURRA

Doña Pito Piturra
tiene unos guantes;
Doña Pito Piturra,
muy elegantes.

Doña Pito Piturra
tiene un sombrero;
Doña Pito Piturra,
con un plumero.

Doña Pito Piturra
tiene un zapato;
Doña Pito Piturra,
le viene ancho.

Doña Pito Piturra
tiene unos guantes;
Doña Pito Piturra,
le están muy grandes.

Doña Pito Piturra
tiene unos guantes;
Doña Pito Piturra,
lo he dicho antes.

GLORIA FUERTES

TÚ NO SABE INGLÉ

Con tanto inglé que tú sabía,
Vito Manué,
con tanto inglé, no sabe ahora
decir: ye.

La mericana te buca,
y tú le tiene que huir:
tu inglé era detrái guan,
detrái guan y guan tu tri...

Vito Manué, tú no sabe inglé,
tú no sabe inglé,
tú no sabe inglé.

No te enamore más nunca,
Vito Manué,
si no sabe inglé,
¡si no sabe inglé!

NICOLÁS GUILLÉN

EL CAMELLO
(Auto[1] DE LOS REYES MAGOS)

El camello se pinchó
con un cardo del camino
y el mecánico Melchor
le dio vino.
Baltasar
fue a repostar[2]
más allá
del quinto pino...
e intranquilo el gran Melchor
consultaba su «Longinos».[3]

—¡No llegamos,
no llegamos,
y el Santo Parto ha venido![4]
—son las doce y tres minutos
y tres reyes se han perdido—.

El camello, cojeando,
más medio muerto que vivo,
va espeluchando su felpa[5]
entre los troncos de olivos.

Acercándose a Gaspar
Melchor le dijo al oído:

---

1 **auto**: obra de teatro muy corta en que aparecen personajes de la Biblia.
2 **repostar**: llenar de gasolina el depósito de un automóvil; pero aquí significa 'dar de beber al camello'.
3 **Longinos**: marca de reloj.
4 **el Santo Parto ha venido**: ya ha nacido Jesús.
5 **espeluchando su felpa**: desordenándose o revolviéndose el pelo de su piel (que es como una **felpa**, un tipo de tela), al restregarse contra los árboles.

—Vaya birria de camello
que en Oriente te han vendido.

A la entrada de Belén
al camello le dio hipo.
¡Ay qué tristeza tan grande
en su belfo[6] y en su tipo!

Se iba cayendo la mirra[7]
a lo largo del camino,
Baltasar lleva los cofres,
Melchor empujaba al bicho.

Y a las tantas ya del alba
—ya cantaban pajarillos—
los tres reyes se quedaron
boquiabiertos e indecisos,
oyendo hablar como a un Hombre
a un Niño recién nacido.
—No quiero oro ni incienso
ni esos tesoros tan fríos,
quiero al camello, le quiero.
Le quiero —repitió el Niño.

A pie vuelven los tres reyes
cabizbajos y afligidos.
Mientras el camello, echado,
le hace cosquillas al Niño.

GLORIA FUERTES

---

6 **belfo**: labio de abajo.
7 **mirra**: sustancia empleada para hacer perfumes. Se la regalaron al Niño Jesús los reyes, junto con oro e incienso (otra sustancia de olor agradable).

GRANDES VERDADES

I

El día que yo nací
dijo una verdad mi abuela:
esta niña ha de vivir
hasta el día que se muera.

II

Anteanoche y anoche
y esta mañana,
antes de levantarme
estaba en cama.
Esto sería
que antes de levantarme
me acostaría.

ANÓNIMO

EL CIEGO

En una noche muy oscura
va un ciego con una linterna en la mano,
y alguien pasa y murmura:
«¡Vaya un tonto! ¿De qué le sirve eso, paisano?».
Y respóndele: «Amigo,
para que otro más sabio no choque conmigo».

Rafael Pombo

ESTE PICASSO ES UN CASO

¡Qué divertido es Picasso![1]

Es pintor rompecabezas
que al cuerpo rompe en mil piezas
y pone el rostro en los pies.
¡Todo lo pinta al revés!

¡Este Picasso es un caso!

Es un puro disparate.
No es que te hiera o te mate,
pero, en lugar de dos cejas,
te coloca un par de orejas.

¡Vaya caso el de Picasso!

Te deja que es una pena:
te trastoca[2] y desordena,
te pone pies en las manos
y en vez de dedos, gusanos.

¡Si es que Picasso es un caso!

En la boca pinta un ojo,
y te lo pinta de rojo.
Si se trata de un bigote,
te lo pondrá en el cogote.[3]

---

[1] Picasso fue un pintor español creador del cubismo, una forma de pintar abstracta que no reproduce los objetos y las personas tal y como son.
[2] **trastoca**: revuelve, desordena.
[3] **cogote**: nuca.

¡Menudo caso es Picasso!

¿Eso es hombre o bicicleta?
¡Si es que ya nada respeta!
Esos ojos que tú dices,
no son ojos… ¡son narices!

¿No es un caso este Picasso?

Todo lo tuerce y disloca:[4]
las piernas, brazos y boca.
No es verdad lo que tú ves…
¡Él pinta el mundo al revés!

¡Qué Picasso es este caso!

CARLOS REVIEJO

4 **lo disloca**: lo saca de su sitio.

GREGUERÍAS

Las narices son los enchufes de las personas.

Las latas de conserva vacías quedan
con la lengua de hojalata fuera.

Lo que más les molesta a las estatuas de mármol
es que tienen siempre los pies fríos.

   Al ombligo le falta el botón.

Los hombres de gran barriga parece que
se pasean con el salvavidas puesto.

Las pirámides hacen jorobado al desierto.

RAMÓN GÓMEZ DE LA SERNA

SABER SIN ESTUDIAR

Admirose[1] un portugués
de ver que en su tierna infancia
todos los niños en Francia
supiesen hablar francés.
«Arte diabólica es»,[2]
dijo, torciendo el mostacho,[3]
«que para hablar en gabacho[4]
un fidalgo[5] en Portugal
llega a viejo, y lo habla mal;
y aquí lo parla[6] un muchacho».

NICOLÁS FERNÁNDEZ DE MORATÍN

---

1 **admirose**: se sorprendió, se maravilló.
2 **arte diabólica es**: es una habilidad propia de un diablo.
3 **mostacho**: bigote.
4 **gabacho**: francés.
5 **fidalgo**: persona noble.
6 **parla**: habla.

Llega la Navidad

EL PORTAL[1] DE BELÉN

La Virgen y San José
iban a una romería;[2]
la Virgen va tan cansada
que caminar no podía.

Cuando llegan a Belén
toda la gente dormía.
—Abre las puertas, portero,
a San José y a María.

—Estas puertas no se abren
hasta que amanezca el día.

Se fueron a guarecer[3]
a un portalico que había,
y entre la mula y el buey
nació el Hijo de María.

Tan pobre estaba la Virgen
que ni aun pañales tenía.
Se quitó la toca[4] blanca
que sus cabellos cubría;
la hizo cuatro pedazos
y al niñito envolvía.

Bajara un ángel del cielo,
ricos pañales traía;

---

1 **portal**: establo donde nació Jesucristo.
2 **romería**: fiesta religiosa que se celebra en los alrededores de una ermita.
3 **guarecer**: refugiarse, protegerse.
4 **toca**: prenda con que se cubrían la cabeza las mujeres.

los unos eran de hilo,
los otros de holanda fina.⁵

Volvió el ángel al cielo
cantando el Ave María.

ANÓNIMO

5 **holanda**: tela de algodón muy fina.

NO LLORÉIS, MIS OJOS

No lloréis, mis ojos,[1]
Niño-Dios, callad;
que si llora el Cielo,[2]
¿quién podrá cantar?

Vuestra Madre hermosa,
que cantando está,
llorará también
si os ve que lloráis.

Por esas montañas
descendiendo van
pastores, cantando
por daros solaz.[3]

Niño de mis ojos,
¡ea!, no haya más,[4]
que si llora el Cielo,
¿quién podrá cantar?

Lope de Vega

---

1 **mis ojos**: mi bien, cariño mío.
2 **el Cielo**: el Niño Jesús.
3 **por daros solaz**: para distraeros y alegraros.
4 **no haya más**: ya está bien, se ha terminado.

CANCIÓN DE NAVIDAD

La Virgen María
penaba y sufría.
Jesús no quería
dejarse acostar.
—¿No quieres?
—No quiero.

Cantaba un jilguero,
sabía a romero
y a luna el cantar.
La Virgen María
probó si podía
del son que venía
la gracia copiar.[1]

María cantaba,
Jesús la escuchaba,
José, que aserraba,
dejó de aserrar.

La Virgen María
cantaba y reía,
Jesús se dormía
de oírla cantar.

Tan bien se ha dormido
que el día ha venido,
inútil ha sido
gritarle y llamar.

---

1 Es decir, que la Virgen intenta imitar el canto (el **son**) del jilguero.

Y, entrando ya el día,
como Él aún dormía,
para despertarle
¡la Virgen María
tuvo que llorar!

EDUARDO MARQUINA

LA VIRGEN Y EL CIEGO

Camina la Virgen pura
de Egipto para Belén,
y en el medio del camino
pide el Niño de beber.
—No pidas agua, mi vida,
no pidas agua, mi bien,
que los ríos vienen turbios
y los arroyos también,
y las fuentes se secaron
y ya no pueden correr.[1]
Más arriba, en aquel alto,
hay un dulce naranjel
cargadito de naranjas
que otra no puede tener.[2]

El viejo que las guardaba
es un ciego que no ve.
—Deme, ciego, una naranja
para el Niño entretener.
—Entre usted, señora, y coja
las que hubiere menester.[3]

La Virgen, como era Virgen,
no cogía más que tres;
el Niño, como era Niño,
no cesaba de coger.
Por una que coge el Niño,

---

1 Las fuentes ya no dan agua.
2 Es decir, que no le cabe una naranja más.
3 **las que hubiere menester**: las que necesite.

cien vuelven a florecer.
Camina la Virgen pura,
y el ciego comienza a ver.
—¿Quién sería esa señora
que me hizo tanto bien,
que me dio luz a los ojos
y en el corazón también?

Era la Virgen María
que va de Egipto a Belén.

ANÓNIMO

MAÑANICAS FLORIDAS

Mañanicas floridas
del frío invierno,
recordad a mi Niño
que duerme al hielo.

Mañanas dichosas[1]
del frío diciembre,
aunque el cielo os siembre
de flores y rosas,
pues sois rigurosas[2]
y Dios es tierno,
recordad a mi Niño
que duerme al hielo.

Lope de Vega

---

1 **dichosas**: felices, alegres.
2 **rigurosas**: muy frías.

Al son del agua y las hojas

COLORES

¡Qué hermosos están los cielos!
¡Qué bonita la mañana!
¡Cuánta frescura en el campo!
¡Cuánta alegría en el agua!

Corre, corre, mi caballo,
por la veredita[1] blanca,
que bien sabes el camino
donde te guían mis ansias.[2]

No te pares junto al bosque,
ni en las frescas enramadas,
hijas del arroyo claro
que de la colina baja.[3]

Sigue, sigue por la senda[4]
que a los dos lados derrama
campos verdes con adornos
de amapolas coloradas.

Ya pasas los olivares…
Ya la vereda se acaba…
Ya entre las hojas tejidas
de lejos se ve la casa.

---

1 **veredita**: caminito.
2 **ansias**: deseos.
3 Las **enramadas** (conjunto de las ramas de los árboles) son «hijas del arroyo» que baja de la colina porque el agua alimenta a los árboles, y de ellos salen ramas.
4 **senda**: camino.

¡Qué hermosos están los cielos!
¡Qué bonita la mañana!
¡Cuánta frescura en el campo!
¡Cuánta alegría en el agua!

MANUEL MACHADO

DON DIEGO

Don dondiego[1] no tiene don,
don.[2]

Don dondiego
de nieve y de fuego;[3]
don, din, don,
que no tenéis don.

Ábrete de noche,
ciérrate de día,
cuida no te corte
la tía María,
pues no tenéis don.

Don dondiego,
que al sol estáis ciego;[4]
don, din, don,
que no tenéis don.

RAFAEL ALBERTI

---

1 **dondiego**: planta de flores blancas, rojas y amarillas, que sólo se abren después de ponerse el sol.
2 **don**: palabra que se pone ante un nombre de persona para dar a entender que la respetamos, como «don Felipe».
3 Es «de nieve y de fuego» por el color blanco y amarillo de las flores.
4 Está «ciego» porque las flores están cerradas durante el día y no ven el sol.

VAIVÉN

Por la tarde, ya al subir,
por la noche, ya al bajar,
yo quiero pisar la nieve
azul del jacarandá.[1]

¿Es azul, tarde delante?
¿Es lila, noche detrás?
Yo quiero pisar la nieve
azul del jacarandá.

Si el pájaro serio canta
que es azul su azulear,
yo quiero pisar la nieve
azul del jacarandá.

Si el mirlo liliburlero,[2]
que es lila su lilear,
yo quiero pisar la nieve
azul del jacarandá.

Ya nieve azul a la ida,
nieve lila al retornar,
yo quiero pisar la nieve
azul del jacarandá.

RAFAEL ALBERTI

---

1 **jacarandá**: árbol muy hermoso de grandes hojas y flores azuladas, que suelen desprenderse cubriendo el suelo; de ahí que parezca «nieve azul».
2 **liliburlero**: juego de palabras a partir de **lila** ('color morado', y también 'tonto') y **burla**.

VIENTO

Cantan las hojas,
bailan las peras en el peral;
gira la rosa,
rosa del viento, no del rosal.

Nubes y nubes
flotan dormidas, algas del aire;
todo el espacio
gira con ellas, fuerza de nadie.

Todo es espacio;
vibra la vara de la amapola
y una desnuda
vuela en el viento, lomo de ola.

Nada soy yo,
cuerpo que flota, luz, oleaje;
todo es del viento
y el viento es aire siempre de viaje.

OCTAVIO PAZ

CANCIÓN

En el agua del arroyo
la estrella se está bañando.[1]

—Báñate, estrella, en el mar.

—No, que las conchas del fondo
me podrían secuestrar.[2]

—Báñate, estrella, en el río.

—Yo no me baño en el río,
que están los juncos[3] pescando
lágrimas para el rocío.

FEDERICO MUELAS

---

1 La estrella «se baña» en el arroyo porque se refleja, como en un espejo, en la superficie del agua.
2 **secuestrar**: obligar a alguien, por la fuerza, a quedarse en un sitio.
3 **junco**: planta que crece en sitios húmedos y que tiene el tallo muy largo, liso y flexible.

CANCIÓN DE INVIERNO

Cantan. Cantan.
¿Dónde cantan los pájaros que cantan?

Ha llovido. Aún las ramas
están sin hojas nuevas. Cantan. Cantan
los pájaros. ¿En dónde cantan
los pájaros que cantan?

No tengo pájaros en jaulas.
No hay niños que los vendan. Cantan.
El valle está muy lejos. Nada…

Yo no sé dónde cantan
los pájaros —cantan, cantan—,
los pájaros que cantan.

JUAN RAMÓN JIMÉNEZ

LA OLA

Madre, la ola me dijo:
—¿Vienes conmigo a la mar?

Madre, me dijo la ola:
—¿Vienes conmigo a jugar?
Al columpio jugaremos,
sobre mi espalda, en el mar.
¡Baja y sube! ¡Sube y baja!
¿Quién mejor te hamacará?[1]
Jugarás al escondite
junto conmigo, en el mar.
Escondido entre mi espuma,
¿qué niño te encontrará?

Madre, me dijo la ola:
—¿Quieres conmigo viajar
al país de las sirenas
y a la tierra del coral?

Si no fuera por dejarte,
madre, iría hasta la mar,
para jugar con la ola
y con la ola viajar.

RICARDO E. POSE

---

1 **hamacará**: columpiará.

En el reino animal

PATITOS

Patitos al sol…
El sauce los libra
de la insolación.[1]
El patito padre
—todo un campeón—
ordena severo:[2]
—¡Patitos al agua,
que empieza la clase
de natación…!

JOAQUÍN GONZÁLEZ ESTRADA

1 **insolación**: dolor de cabeza y fiebre que se produce por haber tomado el sol demasiado tiempo.
2 **severo**: serio y exigente, duro.

GREGUERÍAS

El hipopótamo juega a ser submarino.

 El caracol debía tocar el trombón
que lleva a cuestas.

La araña es la zurcidora del aire.

Las gaviotas nacieron de los pañuelos que dicen
¡adiós! en los puertos.

 El camello lleva a cuestas el horizonte
y su montañita.

El sapo se sabe tan feo que sólo sale de noche.

La pulga hace guitarrista al perro.

Las serpientes son las corbatas  de los árboles.

La jirafa es la escalera contra
incendios de los animales.

RAMÓN GÓMEZ DE LA SERNA

CANCIÓN DE CUNA DE LOS ELEFANTES

El elefante lloraba
porque no quería dormir...
—Duerme, elefantito mío,
que la luna te va a oír...
Papá elefante está cerca,
se oye en el manglar[1] mugir;
duerme, elefantito mío,
que la luna te va a oír...

El elefante lloraba
(¡con un aire de infeliz!)
y alzaba su trompa al viento...
Parecía que en la luna
se limpiaba la nariz.

ADRIANO DEL VALLE

---

[1] **manglar**: terreno que se inunda con las mareas y en el que hay pequeñas islas llenas de árboles.

EL SAPITO GLO-GLO-GLO

Nadie sabe dónde vive,
nadie en la casa lo vio,
pero todos escuchamos
al sapito Glo-glo-glo…

¿Vivirá en la chimenea?
¿Dónde diablos se escondió?
¿Dónde canta cuando llueve
el sapito Glo-glo-glo?

¿Vive acaso en la azotea?[1]
¿Se ha metido en un rincón?
¿Está debajo de la cama?
¿Vive oculto en una flor?

Nadie sabe dónde vive,
nadie en la casa lo vio,
pero todos lo escuchamos
cuando llueve: Glo-glo-glo…

José Sebastián Tallón

---

1 **azotea**: terraza.

Cuentos y animales sabios

EL LEÓN Y EL RATÓN

Estaba un ratoncillo aprisionado
en las garras de un león; el desdichado
en la tal ratonera no fue preso
por ladrón de tocino ni de queso,
sino porque con otros molestaba
al león, que en su retiro descansaba.
Pide perdón, llorando su insolencia;[1]
al oír implorar la real clemencia,[2]
responde el rey en majestuoso tono
—no dijera más Tito—:[3] «Te perdono».
Poco después, cazando, el león tropieza
en una red oculta en la maleza:
quiere salir, mas queda prisionero;
atronando la selva ruge fiero.
El libre ratoncillo, que lo siente,
corriendo llega: roe diligente[4]
los nudos de la red de tal manera,
que al fin rompió los grillos[5] de la fiera.

Conviene al poderoso
para los infelices ser piadoso;
tal vez se puede ver necesitado
del auxilio de aquel más desdichado.[6]

FÉLIX MARÍA DE SAMANIEGO

---

1 **insolencia**: atrevimiento.
2 Al oír que le piden su perdón real (porque el león es como un rey).
3 Tito fue un emperador romano.
4 **diligente**: haciéndolo bien y pronto.
5 **grillos**: cadenas, pero aquí quiere decir la red que lo aprisiona.
6 Los poderosos y fuertes deben comprender y perdonar a los pequeños y débiles porque alguna vez pueden necesitar su ayuda.

LOS DOS AMIGOS Y EL OSO

A dos amigos se apareció un Oso.
El uno, muy medroso,[1]
en las ramas de un árbol se asegura;[2]
el otro, abandonado a la aventura,
se finge muerto repentinamente.
El Oso se le acerca lentamente;
mas como este animal, según se cuenta,
de cadáveres nunca se alimenta,
sin ofenderlo[3] lo registra y toca,
huélele las narices y la boca;
no le siente el aliento,
ni el menor movimiento;
y así, se fue diciendo sin recelo:[4]
«Éste tan muerto está como mi abuelo».
Entonces el cobarde,
de su grande amistad haciendo alarde,[5]
del árbol se desprende muy ligero,
corre, llega y abraza al compañero,
pondera la fortuna
de haberle hallado sin lesión alguna,[6]
y al fin le dice: «Sepas que he notado
que el Oso te decía algún recado.

---

1 **medroso**: miedoso.
2 Es decir, se sube a las ramas de un árbol, y allí queda a salvo, sin cuidarse para nada de su amigo.
3 **sin ofenderlo**: sin hacerle daño, sin herirlo.
4 **sin recelo**: sin pensar que lo engañan.
5 Es decir, presumiendo el cobarde de su gran amistad con el otro.
6 Alaba su suerte (**pondera la fortuna**) al encontrarlo sin heridas (**sin lesión alguna**).

¿Qué pudo ser?». «Direte lo que ha sido;
estas dos palabritas al oído:
"Aparta tu amistad de la persona
que si te ve en el riesgo, te abandona"».

FÉLIX MARÍA DE SAMANIEGO

EL PERRO Y EL COCODRILO

Bebiendo un Perro en el Nilo[1]
al mismo tiempo corría.
—Bebe quieto —le decía
un taimado[2] Cocodrilo.

Díjole el Perro prudente:
—Dañoso[3] es beber y andar;
pero, ¿es sano el aguardar
a que me claves el diente?

¡Oh qué docto[4] perro viejo!
Yo venero su sentir[5]
en esto de no seguir
del enemigo el consejo.[6]

FÉLIX MARÍA DE SAMANIEGO

---

1 El Nilo es un río muy largo de África que atraviesa Egipto.
2 **taimado**: astuto y con mala intención.
3 **dañoso**: que hace mucho daño.
4 **docto:** sabio.
5 **venero su sentir**: alabo su opinión, lo que piensa.
6 Es decir, no hacer caso del consejo del enemigo.

LOS DOS CONEJOS

Por entre unas matas,
seguido de perros,
no diré corría,
volaba un conejo.
De su madriguera[1]
salió un compañero
y le dijo: «Tente,[2]
amigo, ¿qué es esto?».
«¿Qué ha de ser?», responde;
«sin aliento llego…;
dos pícaros galgos
me vienen siguiendo».
«Sí», replica el otro,
«por allí los veo,
pero no son galgos».
«¿Pues qué son?». «Podencos».[3]
«¿Qué?, ¿podencos dices?
Sí, como mi abuelo.
Galgos y muy galgos;
bien vistos los tengo».
«Son podencos, vaya,
que no entiendes de eso».
«Son galgos, te digo».
«Digo que podencos».

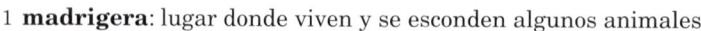

1 **madriguera**: lugar donde viven y se esconden algunos animales.
2 **tente**: párate.
3 El **perro galgo** es de cuerpo, patas, cuello y cola largos y delgados. El **perro podenco** es también de cuerpo largo, de lomo recto y orejas tiesas; por su buena vista y olfato, es muy buen cazador.

En esta disputa[4]
llegando los perros,
pillan descuidados
a mis dos conejos.

Los que por cuestiones
de poco momento[5]
dejan lo que importa,
llévense este ejemplo.[6]

TOMÁS DE IRIARTE

4 **disputa**: pelea.
5 **de poco momento**: de poca importancia.
6 Lo que importa es, naturalmente, echar a correr cuando vienen los perros para no ser capturados por ellos, y resulta una locura ponerse a discutir algo tan poco importante como si son galgos o podencos.

UNA LECCIÓN PARA EL SABIO

Cuentan de un sabio que un día
tan pobre y mísero estaba,
que sólo se sustentaba[1]
de unas hierbas que cogía.
—¿Habrá otro —entre sí decía—
más pobre y triste que yo?

Y cuando el rostro volvió
halló la respuesta, viendo
que iba otro sabio cogiendo
las hojas que él arrojó.[2]

PEDRO CALDERÓN DE LA BARCA

1 **se sustentaba**: se alimentaba.
2 A veces pensamos que somos los más desgraciados del mundo, pero si miramos a nuestro alrededor no es difícil encontrar a otras personas que están peor que nosotros y que se conformarían con lo que tiramos.

Por un mundo solidario

EL BURRO EN LA ESCUELA

—Una y una, dos.
Dos y una, seis.

El pobre burrito
contaba al revés.

—¡No se lo sabe!
—Sí me lo sé.
—¡Usted nunca estudia!
Dígame, ¿por qué?
—Cuando voy a casa
no puedo estudiar;
mi amo es muy pobre,
hay que trabajar.
Trabajo en la noria[1]
todo el santo día.
¡No me llame burro,
profesora mía!

GLORIA FUERTES

---

1 **noria**: máquina que se coloca encima de los pozos para sacar agua, haciendo dar vueltas, a su alrededor, a un animal.

NIÑO EN EL ZAIRE[1]

Yo no sé tu nombre,
ni el viento lo sabe,
ni la selva virgen
ni la estrella grande.
Yo no sé tu nombre,
que lo sabe el hambre,
la bala perdida,
la guerra y la sangre.
No encuentran establo
para refugiarte,
ni buey, ni burrito
ni paz que te cante.[2]
Sólo el villancico
del gritar de un tanque
se rompe en tu llanto,
mi niño del Zaire.
Beso sobre beso,
silencio de madre,
inciertos los sueños
del hijo que nace.
Yo desde esta orilla
te mando mi tarde
de besos perdidos:
quisiera acunarte.

---

[1] Zaire —que hoy se llama República Democrática del Congo— es un país muy pobre del centro de África que desde 1960 padeció varias guerras que acabaron empobreciendo todavía más a toda la gente. Los niños fueron en muchas ocasiones las primeras víctimas de la violencia y del hambre.

[2] En estos versos se compara al niño del Zaire con Jesús, quien, aunque fue perseguido, tuvo al menos quien le protegiera cuando fue niño.

No nació en Belén
el Dios de las aves:
nació de la sombra
del niño del Zaire.
Que nieve la nieve
sonrisas de panes:
que Dios y los niños
todos son iguales.

José González Torices

LA MURALLA

Para hacer esta muralla,
tráiganme todas las manos:
los negros sus manos negras,
los blancos, sus blancas manos.
Ay,
una muralla que vaya
desde la playa hasta el monte,
desde el monte hasta la playa, bien,
allá sobre el horizonte.

—¡Tun, tun!
—¿Quién es?
—Una rosa y un clavel...
—¡Abre la muralla!

—Tun, tun!
—¿Quién es?
—El sable[1] del coronel...
—¡Cierra la muralla!

—¡Tun, tun!
—¿Quién es?
—La paloma y el laurel...[2]
—¡Abre la muralla!

—¡Tun, tun!
—¿Quién es?
—El alacrán y el ciempiés...
—¡Cierra la muralla!

---

1 **sable**: espada.
2 La paloma y el laurel representan la paz.

Al corazón del amigo,
abre la muralla;
al veneno y al puñal,
cierra la muralla;
al mirto y a la yerbabuena,
abre la muralla;
al diente de la serpiente,
cierra la muralla;
al ruiseñor en la flor,
abre la muralla…
Alcemos una muralla
juntando todas las manos;
los negros, sus manos negras,
los blancos, sus blancas manos.
Una muralla que vaya
desde la playa hasta el monte,
desde el monte hasta la playa, bien,
allá sobre el horizonte…

NICOLÁS GUILLÉN

EL LOBITO BUENO

Érase una vez
un lobito bueno
al que maltrataban
todos los corderos.

Y había también
un príncipe malo,
una bruja hermosa
y un pirata honrado.

Todas esas cosas
había, una vez.
Cuando yo soñaba
un mundo al revés.[1]

JOSÉ AGUSTÍN GOYTISOLO

[1] No siempre las personas son como los demás nos las presentan. Los lobos no siempre son malos ni los príncipes siempre buenos. No hay nadie del todo malo ni del todo bueno.

actividades

Ritmos de cuna y corazón

1. Como ocurre con la música y las canciones, la poesía crea a veces el ritmo **repitiendo** versos enteros o sólo algunas palabras de un verso en otros versos. Lee **«Pajarito que cantas»** (pág. 13). Fíjate en que los versos forman tres grupos (que reciben el nombre de **estrofas**). ¿Qué versos completos se repiten de un grupo a otro? ¿En qué versos se repiten sólo algunas palabras? ¿Qué versos cambian de un grupo a otro?

2. Ahora que sabes cómo se ha creado este poema, intenta añadirle otro grupo de cuatro versos imitando el modo en que se ha compuesto. ¿Cómo será el primer verso? ¿Y el segundo?

3. Las **nanas** son canciones que se cantan para dormir a los más pequeños, por eso tienen un **ritmo** peculiar. Lee **«Duérmete ya»** (pág. 14). ¿Qué verso se repite al final de cada grupo o estrofa? Anota las palabras y los sonidos que se repiten en las dos últimas estrofas: ¿qué insisten en decir?

4. En las nanas se pide al niño o a la niña que se tranquilice y se duerma pronto; para ello a veces se le prometen cosas y otras veces se le amenaza. En «Duérmete ya», ¿por qué se le dice al niño que debe dormirse? ¿Qué te decían o te dicen tus padres o tus abuelos para que te duermas?

5. En la infancia, la dependencia de la madre es muy intensa. En «Canción tonta» (pág. 16) y «En tus brazos» (pág. 17) lo vemos muy bien. ¿Qué desearía el

actividades

niño de **«En tus brazos»**? Escribe lo que a ti te gustaría ser si tu madre fuera una nube, una montaña o una bicicleta.

6   Muchas experiencias de la infancia se viven y se recuerdan con mucha intensidad. Así ocurre con un simple corte de pelo en **«La tijera de mamá»** (pág. 19). ¿Qué verso juguetón imita el ruido del corte de tijera? Lee en voz alta la segunda estrofa. ¿Qué palabras y qué sonidos de esa estrofa te indican el movimiento de la tijera?

7   Aunque se trata de un juego, el niño del poema **«El capitán»** (pág. 20) cree que ya ha crecido lo suficiente y quiere marcharse de casa a correr aventuras. ¿De qué manera y por dónde quiere ir? ¿Qué le dice su madre? ¿Te gustaría a ti correr una aventura? ¿Adónde irías y cómo? ¿Quién te acompañaría? Repartíos los papeles de madre e hijo y recitad el poema en voz alta.

8   En el poema **«Dos años»** (pág. 22) el poeta Miguel Hernández celebra el cumpleaños de su hijo y le explica lo importante que para él es tener un hijo. El poeta se expresa de una forma muy hermosa pero que quizá te sorprenda un poco. A menudo nombra algo con un nombre distinto del que de verdad tiene. Es como cuando vuestras madres os llaman «renacuajo», «ratita», «primor»… Eso se hace mucho en la poesía y lo llamamos **metáfora**. ¿De qué otra manera nombra el poeta los dos años que cumple el niño? ¿Por qué lo llama «sangre mía»? ¿Por qué crees que el poeta vencerá al tiempo o a la muerte gracias a su hijo?

Juguemos a las palabras

Trabalenguas

1. Los trabalenguas, como su nombre indica, buscan provocar la equivocación de la persona que los recita; son ejercicios que desarrollan la habilidad en la pronunciación. Haced una competición en la clase con los trabalenguas de este libro (págs. 35-36). Organizad equipos, determinad las reglas, los puntos, las penalizaciones por cada equivocación, etc.

2. **Inventar trabalenguas** no es difícil, sólo tienes que fijarte en cómo se han hecho muchos de ellos. Por ejemplo, combinando y repitiendo palabras parecidas pero con distinto significado (parra/perra/guerra/porra; coco/poco/compro), o inventándose palabras nuevas (perlética/perleticuda)… Crea trabalenguas con las palabras pato/pata/tapa/pito/tipo/pico/Paca/capa, etc. Invéntate un trabalenguas parecido a «Una cabra perlética»; por ejemplo: «En ese mercado vende un hombre rapicojo…».

Adivinanzas

1. Averigua las palabras a que se refieren las adivinanzas del libro (págs. 37-38) y explícalas. ¿Cuál de todas te gusta más?

2. Lleva a clase más adivinanzas y proponlas a los demás. Haced un concurso para ver quién acierta más adivinanzas.

actividades

3. Explica las partes 2 y 3 del poema **«Parvuladas»** (pág. 40).

4. Muchas adivinanzas tratan sobre **las vocales**, a las que se alude según aparezcan o no en las palabras que se nombran: «El b**u**rro la lleva a c**u**estas…». Imitando este ejemplo, inventa adivinanzas sobre otras vocales.

5. Otras adivinanzas nos ofrecen la solución uniendo letras de distintas palabras: «**Te la** digo, **te la** digo…». Para crear adivinanzas de este tipo, escribe primero una lista con posibles combinaciones. Por ejemplo: «**Va ca**minando…».

Otros juegos de palabras

1. ¿Cuántas palabras diferentes se pueden formar con las letras O, M, J, A, N? ¿Y con O, P, S, A? ¿Podrías escribir una frase que contenga algunas de esas palabras? Escribe frases que relacionen las siguientes palabras o expresiones: Adiós / diosa / ha sido / o dais / oh días / a Dios.

2. En **«A, eme, o, erre»** (pág. 42), el poeta Gerardo Diego hace lo que te proponíamos en el ejercicio anterior: juega a cambiar las letras de la palabra **amor** y crea un poema muy original. Explicad lo que quiere decir en cada uno de los versos.

3. En las **greguerías** (pág. 43) el humor y la fantasía se unen para dar vida a las más ingeniosas ocurrencias. Ramón Gómez de la Serna, su creador, escribió miles. Las de este apartado se inspiran en la forma de las letras. Procura inventarte algunas greguerías sobre otras letras del abecedario. Dibújalas de manera que expresen lo que tus greguerías quieren decir.

4. Inventar **palíndromos** (pág. 44) es complicado, sobre todo cuando son extensos. Hay palíndromos de una sola palabra que, leída al revés,

quiere decir lo mismo (oso, radar, somos, ala, reconocer...); a veces los palíndromos de una sola palabra significan una cosa distinta cuando se leen al revés (daba-abad, río-oír, amor-Roma, atlas-salta, acude-educa, etc.). Haz una lista de este tipo de palabras, coloca una de ellas en el centro y ve añadiendo a derecha e izquierda otras... No es difícil; aquí tienes un ejemplo:

ana

sol ana los

salta sol ana los atlas

Salta Solana los atlas

5. Lee el poema **«Nocturno»** (pág. 45). ¿Qué historia se cuenta en él? Fíjate cómo han escrito el poema. ¿Cómo acaban y comienzan los siete primeros versos? ¿En qué se parecen los siete versos siguientes? ¿Podrías hacer tú un poema parecido? Por ejemplo: «En Castilla hay un castillo, / en el castillo una torre...».

6. En los **caligramas** se pretende unir poesía y artes plásticas colocando las letras o los versos de tal forma que dibujen una figura relacionada con el objeto de que se habla en la poesía. Así, en el caligrama de Jaime Ferrán (pág. 46), las letras danzan y se mueven como las velas de los barcos en el mar... ¿Cómo sería un caligrama sobre el vuelo de las gaviotas, o sobre un río que se precipita en una catarata...? Crea caligramas sobre estos temas o sobre otros que se te ocurran.

Unas gotas de humor

1. A veces la gracia de una historia está en que su final nos sorprenda. Lee **«Las ovejas del sueño»** (pág. 51) y **«Doña Pito Piturra»** (pág. 52). ¿Por qué te sorprenden sus finales?

2. **«El camello»** (pág. 54) es una **parodia**, es decir, una explicación divertida de algo serio, en este caso, la adoración de los Reyes Magos. Di qué te parece más divertido de «El camello» y explica por qué. Los Reyes Magos le traen valiosos regalos al Niño Jesús; pero ¿qué prefiere el Niño? ¿Por qué?

3. A veces decimos algo con la intención de que se entienda lo contrario; por ejemplo, cuando un compañero no sabe resolver un problema de matemáticas y le decimos: «¡Pues sí que eres listo!». A eso le llamamos **ironía**. Lee el poema «El ciego» (pág. 58). ¿Qué ironía encuentras en él?

4. A muchas cosas les damos el nombre de otras porque creemos que se parecen en algo; por ejemplo, a la entrada de una cueva la llamamos *boca* porque parece la boca abierta de una persona o un animal. Gómez de la Serna hace algo por el estilo en sus **«Greguerías»** (pág. 61). Léelas y explica por qué se le han ocurrido al poeta las comparaciones que emplea.

5. Invéntate alguna greguería. Piensa, por ejemplo, si hay alguna relación entre el cuello de la jirafa y la curiosidad, entre un tren y una oruga.

Llega la Navidad

1 Numerosos **villancicos** hablan del nacimiento de Jesús. La imaginación del pueblo, muchas veces, ha añadido sucesos o cambiado detalles de los Evangelios. En el poema **«El portal de Belén»** (pág. 65), ¿por qué van la Virgen María y San José a Belén? ¿Quién le proporciona pañales al niño? Ese episodio se explica en el Evangelio según San Lucas (2, 1-8). Lleva la Biblia a clase y leed esa historia en voz alta.

2 En la mayoría de los villancicos, el Niño Jesús se comporta no tanto como un Dios sino como un niño más. Lee **«Canción de Navidad»** (pág. 68) y **«La Virgen y el ciego»** (pág. 70). ¿Qué "travesuras" hace el Niño Jesús en cada poema?

3 El carácter divino de la Virgen y el Niño lo vemos al final del poema **«La Virgen y el ciego»**. ¿Qué dos milagros se producen en este poema? ¿Por qué se han realizado esos milagros?

4 Al comienzo del romance «La Virgen y el ciego» se dice que la Virgen y el Niño caminan «de Egipto para Belén». ¿Sabes cuándo ocurrió eso? ¿Por qué estaban en Egipto? Ese episodio se explica en el Evangelio según San Mateo, 2. Lleva la Biblia a clase y leed esa historia en voz alta.

Al son del agua y las hojas

1 En el poema **«Don Diego»** (pág. 77), Alberti habla de una flor como si fuera una persona. ¿Cómo se le ha ocurrido esa idea? ¿Qué cosas de las que dice pueden pasarle a una persona?

2 Alberti emplea *metáforas* en «Don Diego»: ¿por qué dice que el dondiego es «de nieve y de fuego»? ¿Y por qué está «ciego» al sol? El poema tiene un ritmo como el de la música. Lee en voz alta los seis primeros versos: ¿por qué se parecen a una canción?

3 También el poema **«Vaivén»** (pág. 78) es muy musical. ¿Qué versos se repiten en los cinco grupos de versos o estrofas? En los versos que son distintos hay un «vaivén» (palabra formada de «va y ven»), porque en esos versos se dicen cosas contrarias. Por ejemplo: a la *tarde* se opone la *noche* y a la acción de *subir*, la acción de *bajar*. ¿A qué verso se opone «azul, tarde delante»? ¿Qué se opone al «pájaro serio»? ¿Qué otros contrastes encuentras en el poema?

4 El poema **«Canción de invierno»** (pág. 81) es muy hermoso y muy rítmico. Juan Ramón Jiménez oye cantar a unos pájaros que no consigue ver: con eso quiere decir que se termina el invierno y comienza la primavera. ¿Por qué se le habrá ocurrido esa idea? Apréndete el poema y recítalo en voz alta.

5 Lee los poemas **«Viento»** (pág. 79), **«Canción»** (pág. 80) y **«La ola»** (pág. 82). ¿Qué elementos de la naturaleza aparecen como si fueran personas y qué cosas propias de personas hacen?

En el reino animal

1. Lee con atención el poema **«El sapito Glo-glo-glo»** (pág. 92) ¿Por qué nadie sabe dónde vive ni lo ve y sólo lo escuchan cuando llueve?

2. En los cuentos y las películas los animales tienen muy a menudo rasgos propios de las personas, es decir, están **humanizados**. De esa manera, sentimos el mundo de los animales más cerca de nosotros y nos emocionan más. Lee los poemas **«Patitos»** (pág. 86), **«Canción de cuna de los elefantes»** (pág. 90) y **«El lagarto está llorando»** (pág. 88). ¿Qué hacen esos animales que sólo las personas pueden hacer? ¿Te emocionan más por eso?

3. Lee todas las **«Greguerías»** (pág. 89) y di qué característica de cada animal le ha inspirado a Gómez de la Serna cada una de sus ingeniosas frases.

Cuentos y animales sabios

1 La mayoría de poemas de esta sección son **fábulas**; en ellas se cuenta una historia cuyos personajes son casi siempre animales que se comportan como personas. Las fábulas transmiten una enseñanza o *moraleja*. Escoge la fábula que más te guste y explícales a los demás la historia que cuenta y el consejo que da.

2 Los animales, en las fábulas, representan comportamientos típicos de los seres humanos: **vicios**, **virtudes**, **sentimientos**, etc. Señala con una flecha cómo se comporta cada animal o persona de estas fábulas:

Personaje	Comportamiento
León	Cobarde, falso amigo
Chico	Agradecido
Cocodrilo	Prudente
Ratón	Piadoso, clemente
Perro	Imprudentes
Conejos	Astuto, malintencionado

3 Entre tres compañeros y compañeras, aprended de memoria los tres papeles de la fábula **«Los dos conejos»** (narrador y cada uno de los dos conejos) y dramatizad el poema en clase.

Un mundo solidario

1. En el poema de **Gloria Fuertes** (pág. 105) la palabra *burro* se usa con dos significados. Explica estos significados. ¿Hay alguna relación entre ellos? ¿Por qué crees que tiene esa fama este animal? En realidad, Gloria Fuertes denuncia en este poema una situación injusta en la sociedad: ¿cuál es?

2. **«Niño en el Zaire»** (pág. 106) es un emocionado poema de solidaridad con los niños que sufren y pasan hambre en los países pobres. ¿Por qué compara al niño del Zaire con el Niño Jesús? ¿Qué quiere decir con los versos finales: "que Dios y los niños / todos son iguales"?

3. Llamamos **connotación** a todo lo que nos sugiere una palabra (sensaciones, ideas, otras palabras, actos, etc.). En la poesía, la connotación de las palabras es muy importante, y muchas veces el verdadero sentido del poema, como sucede en **«La muralla»** (pág. 108), depende de los significados sugeridos o *connotaciones* de algunas palabras. Para comprobarlo escribe lo que te sugieren las palabras siguientes:

Alacrán: veneno, muerte	**Paloma**: …
Serpiente: …	**Puñal**: …
Rosa: …	**Yerbabuena**: …
Sable: …	**Corazón**: …
Ruiseñor: …	**Coronel**: …

actividades

Ahora clasifica las palabras según sean las **connotaciones positivas** o buenas (paz, amor, alegría, hermosas canciones, belleza, buen olor...) y **negativas** o malas (veneno, violencia, muerte...) y comprueba si se les ha abierto o cerrado la muralla. ¿Qué nos quiere decir Nicolás Guillén con este juego? ¿Qué representa la muralla?

4 En «**El lobito bueno**» (pág. 110) el poeta José Agustín Goytisolo sueña con un mundo distinto, «un mundo al revés». ¿Cómo se imagina que serían en ese mundo los lobos, los corderos, los piratas, los príncipes y las brujas? ¿Qué quiere decir con eso el poeta?

5 Imagina tú también un mundo distinto, un mundo mejor, y cuéntales a los demás tu sueño comenzando como lo hacen los cuentos: «Érase una vez...».

Actividades de conjunto

1. Escoge el poema que más te haya gustado de este libro, y **recítalo** ante el resto de la clase. Si hay algún fragmento musical que te guste y que le vaya bien al poema que has elegido, trae la música a clase y hazla sonar mientras recitas.

2. Es muy probable que tú y tus compañeros y compañeras recordéis muchos poemas y versos de *Arroyo claro, fuente serena*. Para poner a prueba vuestra **memoria**, una alumna o un alumno leerá el primer verso de cualquier poema, y el resto intentará recordar cómo sigue el poema o de qué trata. Por ejemplo: «El lagarto está llorando...»; «Cantan, cantan...».

3. Hay poemas que se prestan a ser **dramatizados**, esto es, escenificados por varios actores y actrices. «Balada de la placeta» (pág. 7) y, sobre todo, «La muralla» (pág. 108) son dos de ellos. Repartíos los papeles de los personajes: niños y niñas, poeta; narrador, militar, paloma, alacrán, etc. Recordad que una rosa no puede "hablar" igual que un alacrán. Algunos versos, como "abre la muralla" y "cierra la muralla", pueden recitarlos todo el grupo. El poema «La muralla» lo ha interpretado musicalmente Ana Belén. Traed la casete a clase y escuchad la canción.

4. Casi todos los poemas del libro han sido ilustrados. Haz un dibujo para un poema que no haya sido ilustrado o un dibujo distinto para algún poema que sí esté ilustrado.

ÍNDICE DE POEMAS

Balada de la placeta. *Federico García Lorca* 7

Ritmos de cuna y corazón

Pajarito que cantas. *Anónimo* 13
Duérmete ya. *Amado Nervo* 14
Mi cuna. *Juan Ramón Jiménez* 15
Canción tonta. *Federico García Lorca* 16
En tus brazos. *Germán Berdiales* 17
Sarampión. *Celia Viñas* 18
La tijera de mamá. *Germán Berdiales* 19
El capitán. *Ricardo E. Pose* 20
Dos años. *Miguel Hernández* 22

¡Corre que te pillo!...

Corre que te pillo. *Ángela Figuera* 25
El barquito de papel. *Amado Nervo* 26
Al olivo. *Anónimo* 27
Viento de amor. *Juan Ramón Jiménez* 28
Estaba la pájara pinta. *Anónimo* 30
Los reyes de la baraja. *Federico García Lorca* 31
Carolina y olé. *Anónimo* 32

Juguemos a las palabras

Un dicho muy redicho. *Anónimo* 35
¡Qué guerra da la parra! *Anónimo* 35
Una cabra perlética. *Anónimo* 36
Como poco coco. *Anónimo* 36
Mi gusto y su gusto no se gustan. *Anónimo* 36
El burro la lleva a cuestas. *Anónimo* 37
En las manos de las damas. *Anónimo* 37

En medio del cielo estoy. *Anónimo*	37
Tiene dientes y no come. *Anónimo*	37
Paso por el fuego. *Anónimo*	38
Te la digo, te la digo. *Anónimo*	38
Tengo cabeza de hierro. *Anónimo*	38
¿Qué es, qué es…? *Anónimo*	38
Adivinanza de los patitos. *Vicente Mojica*	39
Parvuladas. *Modesto Martín González*	40
A, eme, o, erre. *Gerardo Diego*	42
Greguerías. *Ramón Gómez de la Serna*	43
Palíndromos. *Anónimo*	44
Nocturno. *Rafael Alberti*	45
Caligrama. *Jaime Ferrán*	46
Los diez perritos. *Anónimo adaptado*	47

Unas gotas de humor

Las ovejas del sueño. *Carmen Blázquez*	51
Doña Pito Piturra. *Gloria Fuertes*	52
Tú no sabe inglé. *Nicolás Guillén*	53
El camello (Auto de los reyes magos). *Gloria Fuertes*	54
Grandes verdades. *Anónimo*	57
El ciego. *Rafael Pombo*	58
Este Picasso es un caso. *Carlos Reviejo*	59
Greguerías. *Ramón Gómez de la Serna*	61
Saber sin estudiar. *Nicolás Fernández de Moratín*	62

Llega la Navidad

El portal de Belén. *Anónimo*	65
No lloréis, mis ojos. *Lope de Vega*	67
Canción de Navidad. *Eduardo Marquina*	68
La virgen y el ciego. *Anónimo*	70
Mañanicas floridas. *Lope de Vega*	72

Al son del agua y las hojas

Colores. *Manuel Machado*	75
Don dondiego. *Rafael Alberti*	77

Vaivén. *Rafael Alberti* 78
Viento. *Octavio Paz* 79
Canción. *Federico Muelas* 80
Canción de invierno. *Juan Ramón Jiménez* 81
La ola. *Ricardo E. Pose* 82

En el reino animal

Los dos peces. *Dora Alonso* 85
Patitos. *Joaquín González Estrada* 86
La gallinita. *Gloria Fuertes* 87
El lagarto está llorando. *Federico García Lorca* 88
Greguerías. *Ramón Gómez de la Serna* 89
Canción de cuna de los elefantes. *Adriano del Valle* 90
El sapito Glo-glo-glo. *José Sebastián Tallón* 92

Cuentos y animales sabios

El león y el ratón. *Félix María de Samaniego* 95
Los dos amigos y el oso. *Félix María de Samaniego* 96
El perro y el cocodrilo. *Félix María de Samaniego* 98
Los dos conejos. *Tomás de Iriarte* 100
Una lección para el sabio. *Pedro Calderón de la Barca* 102

Un mundo solidario

El burro en la escuela. *Gloria Fuertes* 105
Niño en el Zaire. *José González Torices* 106
La muralla. *Nicolás Guillén* 108
El lobito bueno. *José Agustín Goytisolo* 110